DATE			

People in My Community/La gente de mi comunidad

Librarian/
El bibliotecario

Jacqueline Laks Gorman
photographs by/fotografías de Gregg Andersen

Reading consultant/Consultora de lectura: Susan Nations, M.Ed., author/literacy coach/consultant

WEEKLY WR READER®
EARLY LEARNING LIBRARY

The librarian has an important job. The librarian helps people.

- - - - - - - -

El trabajo de la bibliotecaria es muy importante. La bibliotecaria ayuda a la gente.

The librarian works in the library. The librarian works with books.

- - - - - - - -

La bibliotecaria trabaja en la biblioteca. La bibliotecaria trabaja con libros.

The librarian knows a lot about books. She decides what books to buy for the library.

－ － － － － － －

La bibliotecaria sabe mucho de libros. Es quien decide qué libros comprar para la biblioteca.

The librarian puts the books on the **shelves**. Each book has to go in the right place.

- - - - - - - -

La bibliotecaria pone los libros en los **estantes**. Cada libro tiene su lugar.

shelves/estantes

11

When you visit the library, the librarian helps you. She answers all your questions.

- - - - - - -

Cuando vas a la biblioteca, la bibliotecaria te ayuda. Responde a todas tus preguntas.

Do you know what book you want? The librarian can help you find it.

¿Sabes qué libro quieres? La bibliotecaria te puede ayudar a encontrarlo.

Do you want to take a book home? The librarian can help you get a **library card**.

¿Quieres llevarte un libro a casa? La bibliotecaria te puede ayudar a obtener una **tarjeta de la biblioteca**.

library card/tarjeta
de la biblioteca

The librarian checks
out all your books and
tells you when to bring
them back.

- - - - - - -

La bibliotecaria te
entrega los libros
que quieres sacar y
te dice cuándo debes
devolverlos.

It looks like fun to be a librarian. Would you like to be a librarian some day?

Ser bibliotecaria parece divertido. ¿Te gustaría ser bibliotecaria algún día?

Glossary/Glosario

librarian — a person who works in a library

bibliotecaria — persona que trabaja en una biblioteca

library — a place where people can use or borrow magazines, books, videos and other things

biblioteca — lugar donde la gente puede consultar o pedir prestados libros, videos, revistas y otras cosas

library card — a special card that is used by someone to check things out of a library

tarjeta de la biblioteca — una tarjeta especial que se usa para sacar cosas de la biblioteca

shelves — thin pieces of wood or metal that hold books

estantes — láminas de madera o metal sobre las que se ponen libros

For More Information/Más información

Fiction Books/Libros de ficción

Deedy, Carmen Agra. *The Library Dragon*. Atlanta: Peachtree, 1994.

Williams, Suzanne. *Library Lil*. New York: Dial, 1997.

Nonfiction Books/Libros de no ficción

Flanagan, Alice K. *Ms. Davison, Our Librarian*. New York: Children's Press, 1997.

Kottke, Jan. *A Day with a Librarian*. New York: Children's Press, 2000.

Web Sites/Páginas Web

What Does a Librarian Do?

www.whatdotheydo.com/libraria.htm

For information on a librarian's job

KidsConnect

www.ala.org/ICONN/AskKC.html

Send an email question to a real librarian, and get an answer back

Index/Índice

About the Author/Información sobre la autora

Jacqueline Laks Gorman is a writer and editor. She grew up in New York City and began her career working on encyclopedias and other reference books. Since then, she has worked on many different kinds of books. She lives with her husband and children, Colin and Caitlin, in DeKalb, Illinois.

Jacqueline Laks Gorman es escritora y editora. Creció en Nueva York, y se inició en su profesión editando enciclopedias y otros libros de consulta. Desde entonces ha trabajado en muchos tipos de libros. Vive con su esposo y sus hijos, Colin y Caitlin, en DeKalb, Illinois.